SÉBASTIEN BAILLY

Le meilleur de l'humour noir

Couverture de
Olivier Fontvieille

ÉDITIONS MILLE ET UNE NUITS

SÉBASTIEN BAILLY
n°545

Inédit

Anthologie originale établie
par Sébastien Bailly.

Notre adresse Internet : www.1001nuits.com

© Mille et une nuits, département de la Librairie Arthème Fayard,
septembre 2008 pour la présente édition.
ISBN : 978-2-75550-066-0

Sommaire

Sébastien Bailly
Introduction
page 7

Le meilleur de l'humour noir
page 11

SÉBASTIEN BAILLY

Le meilleur de l'humour noir

Mieux vaut en rire

Introduction

> Toujours le petit mort pour rire !
> Tristan Corbière

« Ce n'est pas drôle… » dit-on le sourire aux lèvres. Pas drôle, parce que cela ne devrait pas l'être, mais cela fait tout de même rire aux larmes et l'on n'y peut rien. En gloussant, on ajoute : « Allons, comment oses-tu… »

Tel est l'humour noir, qui, avec un détachement et un amusement inattendu, évoque les choses les plus horribles, les plus contraires à la morale en usage. Vous riez, mais vous êtes gênés. Vous riez, mais vous préféreriez ne pas rire.

Philippe Geluck, qui ne recule jamais devant une occasion de noircir un peu son humour, est pourtant clair sur le sujet : « Peut-on rire du malheur des autres ? Ça dépend… Si le malheur des autres est rigolo, oui. » Voilà qui est dit.

D'ailleurs, la plupart des auteurs qui se sont spécialisés dans l'humour noir ont tenté de se justifier, d'une façon ou d'une autre. Pour Samuel Beckett : « Rien n'est plus drôle que le malheur… c'est la chose la plus comique du monde. » Pour Coluche, dans un genre différent : « Si on est touché soi-même par la mort, on a intérêt à en rire, et si on n'est pas touché, on n'a pas de raison de ne pas rire. » Et Guy Bedos de reprendre en chœur : « Il faut rire de la mort, surtout si c'est les autres ! »

Chacun a en mémoire la phrase de Pierre Desproges : « On peut rire de tout, oui, mais pas avec n'importe qui. » On peut rire de tout, donc. Et, en matière d'humour noir, il s'agit bien de faire rire avec ce qui n'est pas drôle. La mort, la maladie, le malheur qui frappe les uns ou les autres.

On est loin du politiquement correct, c'est sûr. Mais le ressort en est assez simple. Il s'agit d'établir un contraste entre le tragique de ce dont il est question et la façon d'en parler avec froideur et cynisme. Une affaire de contraste, donc, qui, bien menée, produit l'éblouissement. L'humoriste, c'est le moins qu'on puisse attendre de lui, veut vous en mettre plein les yeux.

Il est étonnant de voir comme la notion a évolué depuis sa création en 1939. Cette année-là, André Breton, le pape du surréalisme, publie son *Anthologie de l'humour noir* et fait entrer par là-même ces deux mots qui « ne faisaient pas sens (quand ils ne suggéraient pas une forme de raillerie qui serait propre aux "nègres"!) »* dans le dictionnaire. Cet ouvrage qui fait date comprend de nombreux textes, des auteurs comme Jacques Rigaut, Huysmans, Sade ou Swift, bref, des références qui marquent bien l'écart avec l'humour noir d'aujourd'hui.

Les temps ont changé. Il y avait alors quelque chose de détaché, de subtil, de raffiné… Vu d'ici, en tout cas, car on frise peut-être l'anachronisme. Les textes réunis par André Breton ne choquent guère le lecteur contemporain. Même si quelques pépites heurtent encore ici ou là. La violence de l'humour n'est plus la même. Il en faut plus qu'il en fallait alors, pour choquer. Et l'on a accès, fort aisément, à des explosions trash où l'humour se fait brut et frontal, sans détour, sans fioriture. Si c'est encore de l'humour. Car l'auteur risque vite de sombrer dans la simple provocation. Plus de contraste, alors. Plus d'éblouissement.

Tel aura été tout l'enjeu pour réunir les citations qui suivent. Garder du passé ce qui nous parle encore aujourd'hui. Et il est de saisissantes fulgurances. Tout en prenant du présent ce qui tient de l'humour noir, et non de la simple volonté de choquer les consciences; ce qui fait preuve encore de raffinement, de détachement. La limite est ténue. Mais c'est le meilleur qu'on a voulu dans ce recueil, et la moindre des choses était d'être sélectif.

---

* Note de l'édition de 1966 à l'*Anthologie de l'humour noir*, Pauvert, 1979.

De William Shakespeare à Pierre Desproges, de Jules Renard à Ambrose Bierce, de Laurent Ruquier à Philippe Bouvard, en passant par Pierre Dac et Francis Blanche, Paul Valéry et Frédéric Dard, en allant jusqu'aux plus subtils des contemporains, Hervé Le Tellier ou Éric Chevillard, sans compter quelques surprises, c'est un bouquet, que dis-je, une couronne funéraire de premier choix qui vous est offerte ici.

Avec Jacques Prévert, je ne peux vous souhaiter que « rire de mourir et mourir de rire », mais le plus tard possible. Et en bonne compagnie.

S. B.

A

Aborigènes
Individus de piètre valeur qui encombrent le sol d'un pays récemment découvert. Ils cessent vite d'encombrer, ils fertilisent.

AMBROSE BIERCE

Académiciens
Il y a le verbe « naître »... Et puis mourir, crever, se suicider, être assassiné, étranglé, défenestré, occis, supprimé, empoisonné... On sent que les académiciens créateurs de mots sont plus proches de la fin que du début.

PATRICK SÉBASTIEN

Accident
Mort accidentelle : Décéder avant la fin de sa vie.

ALBERT BRIE

Admiration
L'idéal quand on veut être admiré, c'est d'être mort.

MICHEL AUDIARD

Adroit
Il est plus adroit de se tirer d'un mauvais pas qu'un coup de revolver dans le cœur.

ALPHONSE ALLAIS

Âge
Je suis dans la fleur d'un âge qui commence à sentir le chrysanthème.

ROBERT LASSUS

Je n'ai plus l'âge de mourir jeune.

JULES RENARD

Agonie
L'agonie, c'est l'art de rester sur sa fin…

LOUIS BOURGEOIS

Âme
Rendre l'âme? D'accord, mais à qui?

SERGE GAINSBOURG

Ami

Ce qui console de la mort des amis, c'est qu'ils laissent des veuves.

FRÉDÉRIC DARD

Amiral

Dans ce pays, il est bon que de temps en temps on tue un amiral pour encourager les autres.

VOLTAIRE

Amour

La preuve extrême d'amour envers une femme est de la tuer : elle préfère en général l'avant-dernière qui est de se tuer.

PAUL-JEAN TOULET

On ne meurt pas d'amour. Quelquefois on meurt de l'amour d'un autre quand il achète un revolver.

MARCEL PAGNOL

Année

Celui qui meurt cette année en est quitte pour l'an prochain.

WILLIAM SHAKESPEARE

Anthropophagie

L'anthropophagie, qui a connu une certaine vogue en Afrique noire au cours des siècles, est en très nette régression. Pourtant le procédé, outre son intérêt gastronomique, évitait tous les frais de funérailles et de sépulture.

Léo Campion

Appartement

Maintenant que je suis vieux, lorsque je parcours un cimetière, j'ai l'impression de visiter des appartements.

Édouard Herriot

Appels

Pendant trois jours après la mort, les cheveux et les ongles continuent de pousser mais les appels téléphoniques se font rares.

Johnny Carson

Apprendre

Il paraît que l'on n'apprend pas à mourir en tuant les autres.

Chateaubriand

Apprendre à mourir et pourquoi? On y réussit très bien la première fois.

Chamfort

Après

Ce qui peut se passer après la mort?... Je m'en fous : je serai mort.

FRANCIS BLANCHE

Arbalétrier

L'arbalétrier qui visait la pomme sur la tête de sa femme l'a touchée en pleine poire !

LAURENT RUQUIER

Arbre

C'est très beau un arbre, dans un cimetière. On dirait un cercueil qui pousse.

PIERRE DORIS

Argent

Vous faites bien d'amasser de l'argent pendant votre vie : on ne sait ce qui arrivera après la mort.

MONTESQUIEU

Artère

Dès que le cœur d'un grand homme cesse de battre, on donne son nom à une artère.

EUGÈNE LABICHE

Artiste
Dernière parole d'un artiste sur son lit de mort : « À quelle heure je passe ? »

PIERRE DORIS

Asticot
L'égalité, la seule égalité en ce monde, l'égalité devant l'asticot.

JEAN HENRI FABRE

Autopsie
Le médecin a dit à mon grand-père : « Vous n'êtes pas malade. L'autopsie prouvera que j'avais raison. »

COLUCHE

Avenir
Parmi tous les astrologues, tarotologues, numérologues et autres machinologues, les cancérologues restent les plus capables de prévoir l'avenir.

CLAUDE FRISONI

La veuve est l'avenir de l'homme.

ALAIN SCHIFRES

Avocat

Je devais être fusillé ce matin à six heures. Mais comme j'avais un bon avocat, le peloton n'arrivera qu'à six heures trente.

Woody Allen

❦ *B* ❦

Balayer

Avant de dire que né dans la poussière je redeviendrai poussière, ils feraient bien de balayer devant leur porte !

Roland Bacri

Belle-mère

« Oh ! l'éternel féminin », comme disait l'homme dont la belle-mère n'en finissait pas de claquer.

Alphonse Allais

Il n'y a pas de bonheur parfait ! dit l'homme quand sa belle-mère mourut et qu'on lui présenta la note des pompes funèbres.

Jérome K. Jérome

Je voulais faire une bonne action : j'ai acheté une chaise pour ma belle-mère. Mais ils ne veulent pas que je branche la prise.

HENRY YOUNGMAN

Bière
L'homme commence par boire du lait et finit par la bière.

JEAN COMMERSON

Il est possible de boire un café dans un café, il est envisageable de boire de l'eau dans l'eau, il est souvent trop tard pour boire une bière dans une bière.

PHILIPPE GELUCK

Billard
M. Abel Bonnard, de Villeneuve-Saint-Georges, qui jouait au billard, s'est crevé l'œil gauche en tombant sur sa queue.

FÉLIX FÉNÉON

Boîte aux lettres
J'ai vu une boîte aux lettres sur un cimetière.

XAVIER FORNERET

Bonheur
Eurydice : « Nous allons être très malheureux ! »
Orphée : « Quel bonheur ! »

Jean Anouilh

Bonté
Chaque fois que les cannibales sont sur le point de crever de faim, Dieu, dans sa bonté suprême, leur envoie un missionnaire bien grassouillet.

Oscar Wilde

Borgne
Le cyclope aveugle à qui on a crevé un œil dit : je suis borgne.

Guillaume Apollinaire

Un borgne, c'est un infirme qui n'a droit qu'à un demi-chien.

Jules Renard

Bouée
Une bouée est un début de couronne mortuaire que les futurs noyés se mettent autour du cou avant de couler.

Philippe Bouvard

Bouquin

Si j'étais mort avant la parution de ce bouquin, je ne m'en serais jamais remis.

MAURICE ROCHE

Boursier

Âgé de 90 ans et mourant, Lévy, célèbre boursier, reçoit la visite de son ami, le rabbin Kahn, venu lui soutenir le moral en lui disant : « Vous vivrez jusqu'à 100 ans. » Lévy répondit : « Pourquoi voulez-vous que Dieu prenne à 100 ce qu'il peut avoir à 90 ? »

POPECK

❦ *C* ❦

Cacahuète

Les vieux adorent manger des cacahuètes. Ça leur rappelle leurs dents.

JEAN YANNE

Cadeau

Qu'est-ce que vous voulez qu'on vous offre, pour votre mort ?

ROLAND DUBILLARD

Cancer

Ce qu'il y a de réconfortant dans le cancer, c'est qu'un imbécile peut attraper une tumeur maligne.
PIERRE DESPROGES

Cannibale

Un cannibale est un homme qui aime son prochain avec de la sauce.
JEAN RIGAUD

Les cannibales n'ont pas de cimetière.
MARCEL MARIËN

Capote

Si vous ne voulez pas être malade, si vous ne voulez pas mourir, le mieux c'est encore de ne pas naître. Avec la capote Nestor, je ne suis pas né, je ne suis pas mort.

COLUCHE

Centenaire

Si je deviens centenaire, je me lèverai chaque matin pour lire les faire-part nécrologiques des journaux ; si mon nom n'y est pas, je retournerai me coucher.

PAUL LÉAUTAUD

Ce matin, j'ai lu dans le journal : « Peu de gens meurent après cent ans. » Ils font quoi, alors ?

MICHEL GALABRU

Cercueil
On me dit qu'il fait un très beau cadavre et qu'il met prodigieusement son cercueil en valeur.

OLIVIER GOLDSMITH

Certain
Il n'y a qu'une chose certaine dans la vie ; c'est qu'on la perd.

MARCEL ACHARD

Chagrin
– Ton père et moi, tu nous feras mourir de chagrin…
– Tant mieux, comme ça on ne retrouvera pas l'arme du crime.

MICHEL AUDIARD

Chaîne
La différence entre un pneu et un nègre ? Quand on met des chaînes aux pneus, ils ne chantent pas le blues.

COLUCHE

Chance

La nuit qu'on la tua,
Rosita avait de la chance,
Des trois balles qu'elle reçut,
Une seule était mortelle.

ROBERT ESCARPIT

Charité

LE MENDIANT. – La charité, ma bonne dame, je n'ai pas mangé depuis trois jours.
MARIE-CHANTAL. – Il faut vous forcer, mon ami!

JACQUES CHAZOT

Chêne

Lorsqu'un chêne sent le sapin, il sait que sa dernière heure est arrivée.

RAYMOND DEVOS

Cheval

J'aime mieux panser mon cheval qu'à la mort.

JEAN-LOUIS-AUGUSTE COMMERSON

Chien

Ah! qu'un beau jour, songeait le roi, quelqu'un m'aimât pour moi-même, sans trahison, ni calcul, ni mensonge.

L'aumônier dit :
– Prenez un chien.

PAUL-JEAN TOULET

Cimetière

J'arpente les allées du cimetière de Nuits-Saint-Georges, l'âme dévastée, une tristesse amère au cœur – tout ce terrain perdu !

ÉRIC CHEVILLARD

– C'est vrai qu'on agrandit le cimetière ?
– Que veux-tu : la vie continue.

FRÉDÉRIC DARD

Le Père-Lachaise est un lieu très poétique. C'est un cimetière où l'on sait vivre.

ANTOINE BLONDIN

Clou

– Toto, cesse de tourner en rond, sinon je te cloue l'autre pied !

PIERRE DORIS

Cocu

Il vaut mieux être cocu que veuf. Il y a moins de formalités.

ALPHONSE ALLAIS

Coït
À l'heure du thermonucléaire, le coït néanderthalien est dépassé et nocif, car, joint à l'inhalation d'une atmosphère polluée, il est cancérigène.

RÉGIS JAUFFRET

Con
La mort, c'est un peu comme une connerie. Le mort, lui, il ne sait pas qu'il est mort. Ce sont les autres qui sont tristes. Le con, c'est pareil.

PHILIPPE GELUCK

Confiance
Est-ce qu'on peut faire confiance aux médecins ? Je dis : « Oui. À condition de ne pas être malade… »

PATRICK TIMSIT

Convalescence
Je sais que je mourrai des suites d'une longue convalescence.

FRÉDÉRIC DARD

Convoyeur
Il vaut mieux être un convoyeur vivant qu'un exhibitionniste intelligent mort.

LAURENT RUQUIER

Corbillard

Vends corbillard occasion : levier de vitesse bloqué au point mort.

Pierre Dac

Corps

J'ai le corps d'un jeune homme de dix-huit ans. Il est dans mon frigo.

Spike Milligan

Cou

Ils étaient quatre qui n'avaient plus de tête,
Quatre à qui l'on avait coupé le cou,
On les appelait les quatre sans cou.

Robert Desnos

Je suis François, cela me peine
Né à Paris, près de Pontoise
Au bout de la corde d'une toise
Mon cou saura ce que mon cul pèse.

François Villon

Crime

Le meurtrier a commis cet horrible crime dans le but de vol. Heureusement que la victime avait déposé, la veille de sa mort, tout son argent à la Caisse d'épargne, de sorte qu'il n'a perdu que la vie.

JEAN-CHARLES

Crocodile

Un crocodile te mange le pied ? Va vite ! Tu n'as que quelques secondes pour te montrer en société avec ce beau soulier.

ÉRIC CHEVILLARD

Croque-mort

Le métier de croque-mort n'a aucun avenir. Les clients ne sont pas fidèles.

LÉON-PAUL FARGUE

Cuisine

L'employé des pompes funèbres demandait à la veuve si on brûlerait son mari qu'on devait incinérer, dans un four français ou un four italien : « Oh ! monsieur, le four français ! Mon mari ne pouvait pas sentir la cuisine italienne ! »

ALPHONSE ALLAIS

D

Date
Que voulez-vous que je dise de moi ? Je ne sais rien de moi ! Je ne sais même pas la date de ma mort.

JORGE LUIS BORGES

Décoration
Je regrette pas d'avoir fait la guerre : d'abord parce que j'suis pas mort, et puis parce que j'ai été décoré ; évidemment parce que j'suis pas mort. À la guerre, on décore ceux qui reviennent ; ceux qui sont courageux, c'est ceux qui sont morts.

COLUCHE

Déluge
Déluge : Premier essai remarqué de baptême collectif, qui lessiva tous les péchés (et les pécheurs) de la création.

AMBROSE BIERCE

Dent

Je perds mes dents, je meurs au détail.

VOLTAIRE

Un homme bien élevé se lave toujours les dents avant de mourir.
Même si les dents sont fausses.
Surtout si elles sont fausses.

JACQUES-MARIE DUPIN

Dés

Je voudrais que l'on vienne jouer aux dés sur ma tombe, j'ai trop aimé ce bruit.

MAZARIN

Désespoir

Le désespoir est à la mort ce que le beurre de cacao est au suppositoire : un excipient qui rend plus facile le passage.

PHILIPPE BOUVARD

Diabète

Si Jeanne d'Arc avait eu du diabète, tout Rouen aurait senti le caramel.

JOSÉ ARTHUR

Dieu

Dieu est généralement inodore à la température ordinaire. Mais si l'on présente pendant quelques secondes une hostie au-dessus de la flamme d'un réchaud à gaz, on perçoit bientôt une délicieuse odeur de pain grillé.

FRANÇOIS CAVANNA

Différence

La différence entre la mort et le sexe, c'est que vous pouvez mourir seul et que personne ne se moquera de vous.

WOODY ALLEN

Distraction

La vie est si plate que c'est souvent une distraction d'apprendre la maladie, puis la mort de quelqu'un qu'on connaît.

PAUL LÉAUTAUD

Distraire (se)

– Sait-on pourquoi il s'est tué ?
– On dit qu'il s'ennuyait beaucoup.
– Quelle drôle de façon de se distraire !

TRISTAN BERNARD

Dominos

Beaucoup de suicidés se sont arrêtés sur le seuil de la mort par le souvenir du café où ils vont jouer tous les soirs leur partie de dominos.

HONORÉ DE BALZAC

Dormir

Il dormait à poings fermés pour cause de décès.

JULES RENARD

Il n'y a qu'une seule chose au monde qui puisse véritablement bien dormir : c'est un cadavre !

XAVIER FORNERET

Druide

Les druides étaient capables de lire l'avenir d'un homme dans ses propres entrailles. Ils ne se trompaient jamais.

FRANÇOIS CAVANNA

E

Échafaud

Pour ma part, je n'ai jamais pu me décider à m'apitoyer sur Louis XVI, qui, en abolissant la peine de mort, avait un moyen si facile de ne pas monter sur l'échafaud.

HENRI ROCHEFORT

Enceinte

Il bourrait de coups de poing et de coups de pied le ventre de ma femme enceinte ! J'allais intervenir, vous pensez bien. Laisse faire, me dit-elle, cette activité du fœtus est normale et plutôt rassurante.

ÉRIC CHEVILLARD

Encore

Dix fois les journalistes ont annoncé ma mort. Sur ma tombe, il faudra écrire : « Encore ! »

JACQUES DUTRONC

Enfant

Les enfants sont comme la crème : les plus fouettés sont les meilleurs.

EDMOND ET JULES DE GONCOURT

– Comment se porte votre femme ?
– Comme il lui plaît ; c'est son affaire.
– Et vos enfants ?
– À merveille !
– Et celui qui a de si beaux yeux, un si bel embonpoint, une si belle peau ?
– Beaucoup mieux que les autres ; il est mort.

DENIS DIDEROT

– Pardon, monsieur, aimez-vous les enfants ?
– Je n'en ai jamais mangé… mais enfin… avec plaisir…

CAMI

Scène possible. L'enfant est mort. La mère et le père sont en larmes. Mais l'amant prend la main de la femme, frappe sur l'épaule du mari et dit : « Allons, du courage ! Nous en ferons un autre. »

JULES RENARD

L'élevage d'enfants est hors de prix, et réclame une attention peu compatible avec la surveillance des taux d'intérêt et la gestion rigoureuse des biens immobiliers.

RÉGIS JAUFFRET

Ennemi
On ne frappe pas un ennemi à terre. On l'achève.
YVAN AUDOUARD

Oui, il faut pardonner à ses ennemis… mais pas avant qu'ils soient pendus.
HENRI HEINE

Enterré
Une enquête récente a démontré que 90 % des enterrés vivants reprennent conscience dans le corbillard qui les emporte vers le cimetière, mais ils n'osent rien dire de peur d'avoir l'air ridicule.
FRANÇOIS CAVANNA

Quand bien même il arriverait qu'un homme fût enterré vivant, il en restera toujours une centaine d'autres accrochés sur terre et qui sont morts.
GEORG CHRISTOPH LICHTENBERG

Enterrement
Ah ! mon cher ami, que je suis content de vous revoir. Imaginez-vous qu'on m'avait dit que vous étiez mort et il m'a été impossible d'aller à votre enterrement. J'espère que vous ne m'en voudrez pas.
AURÉLIEN SCHOLL

Un homme qui suit un enterrement demande à un autre monsieur : « Savez-vous qui est mort ? – Je ne sais. Je crois que c'est celui qui est dans la première voiture. »

JULES RENARD

Allez toujours aux enterrements des autres, sinon ils ne viendront pas au vôtre.

YOGI BERRA

Excuse
Mon père a bien reçu votre lettre du mois dernier, mais il n'a pas pu répondre étant mort le lendemain. Je vous prie de vouloir bien l'en excuser.

JEAN-CHARLES

Extermination
À vingt ans, je n'avais en tête que l'extermination des vieux ; je persiste à la croire urgente mais j'y ajouterais maintenant celle des jeunes ; avec l'âge on a une vision plus complète des choses.

EMIL CIORAN

F

Femme
Ne frappez jamais une femme, elle en prendrait vite l'habitude et cela serait très fatigant.
AURÉLIEN SCHOLL

Ci-gît ma femme ! Ah ! Qu'elle est bien
Pour son repos et pour le mien !
JACQUES DU LORENS

La femme vieillit plus vite que l'homme, mais elle met plus de temps à mourir.
JACQUES CANUT

Fenêtre
Elle avait reçu une excellente éducation et le savoir-vivre lui était naturel. Et quand elle se jeta dans le vide du haut du sixième étage, elle pris la peine de refermer la fenêtre derrière elle pour ne pas faire de courant d'air dans la pièce où son mari lisait le journal.
JACQUES STERNBERG

Feu
Dès qu'on dit feu Untel, c'est qu'Untel s'est éteint.
LÉO CAMPION

Fidélité
Et Jean tua Madeleine. Ce fut à peu près vers cette époque que Madeleine perdit l'habitude de tromper Jean.
ALPHONSE ALLAIS

Fin
La mort, c'est le meilleur moment de la vie ; c'est pour cela qu'il est préférable de le garder pour la fin.
GUSTAVE PARKING

Fleur
Le cynique, c'est celui qui, lorsqu'il sent des fleurs, cherche le cercueil.
HENRY LOUIS MENCKEN

J'attends une vraie bonne occasion d'offrir des fleurs à ma femme. Son enterrement par exemple…
BENNY HILL

Fond
À force d'aller au fond de tout, on y reste.
HIPPOLYTE TAINE

Formalité
La mort, c'est tellement obligatoire que c'est presque une formalité.
MARCEL PAGNOL

Fortune
Cent ans après ma mort, je me reposerai, fortune faite.
JEAN COCTEAU

Fosse
Il le sait bien, le chef d'orchestre, qu'il finira dans la fosse.
MICHEL GALABRU

Fossoyeur
Tout le monde répond à la pelle du fossoyeur.
YAK RIVAIS

Fourchette

Il vaut mieux creuser sa tombe avec sa fourchette qu'avec une pelle. C'est plus agréable et c'est plus long.

PHILIPPE BOUVARD

Est-ce un progrès si un cannibale se sert d'un couteau et d'une fourchette ?

STANISLAS J. LEE

Front

J'ai un camarade qui a été blessé au front. Non pas à la tête, au pied.

COLUCHE

Fusil

Quand on change son fusil d'épaule, il y a intérêt à ne pas partir de la droite, sinon on passe l'arme à gauche.

PHILIPPE GELUCK

G

Gaucher
Je me suis toujours demandé si les gauchers passaient l'arme à droite.

ALPHONSE ALLAIS

Gloire
L'ennuyeux avec la gloire posthume, c'est qu'on ne peut en profiter qu'après sa mort.

JEAN-CHARLES

Guéri
On disait à Delon, médecin mesmériste : « Eh bien ! M. de B… est mort, malgré la promesse que vous aviez faite de le guérir. – Vous avez, dit-il, été absent, vous n'avez pas suivi les progrès de la cure : il est mort guéri. »

CHAMFORT

Guerre
La guerre justifie l'existence des militaires. En les supprimant.

HENRI JEANSON

Guillotine

À vendre, couperet de guillotine, rigoureusement stérilisé afin d'éviter toute infection.

PIERRE DAC

Guillotiner

L'arbi : Je te le jure sur la tête de mon père !
Pépé le Moko : Qu'est-ce que tu risques, il a été guillotiné.

HENRI JEANSON

Ô monsieur le bourreau, je voudrais que vous me guillotinassiez.

PETRUS BOREL

H

Habitude

Moi, la mort ça me dérange tout de même, me dit un jour une vieille dame (qui est morte depuis), je n'aime pas changer mes habitudes.

ALEXANDRE VIALATTE

Habituer (s')

Mon grand-père François Blanche a eu un fils qui n'a pas vécu et qui s'appelait Francis. Je vais parfois sur sa tombe pour m'habituer.

FRANCIS BLANCHE

Hache

« Enterre la hachette, irascible Rouge,
Car la paix est bénédiction », dit l'Homme blanc.
Le sauvage obéit, et enterra son arme,
Avec les rites dus, dans le crâne du blanc.

JOHN LUKKUS, CITÉ PAR AMBROSE BIERCE

Hamac

L'inventeur du hamac a été enterré à un mètre du sol.

ANDRÉ IGUAL

Handicap

Il était à la fois aveugle et paralytique et ne trouvait aucun avantage à la combinaison de ces deux états.

TRISTAN BERNARD

Hémorragie

En cas d'hémorragie artérielle, il faut mettre un garrot autour du cou du malade. S'il s'agit d'une hémorragie capillaire, il suffit de tondre le patient.

JEAN-CHARLES

Herbe

Mangez sur l'herbe
Dépêchez-vous
Un jour ou l'autre
L'herbe mangera sur vous.

JACQUES PRÉVERT

Héritage

Héritage. La mort nous prend un parent, mais elle le paie, et il ne nous faut pas beaucoup d'argent pour qu'elle se fasse pardonner.

JULES RENARD

Héritier

Le docteur X, auquel la mort vient d'enlever un de ses clients, a reçu il y a quelques jours une fort belle montre en or. Dans l'intérieur de la boîte, on a fait graver ces mots : « Au docteur X, les héritiers reconnaissants. »

ALPHONSE KARR

Héros

La première qualité d'un héros, c'est d'être mort et enterré.

MARCEL PAGNOL

Homme

L'homme est bon, mais le veau est meilleur.

BERTOLT BRECHT

Hôpital

Dans les hôpitaux, ce sont plus les visiteurs que les malades qui font des gueules d'enterrement.

JACQUES DUTRONC

On l'a emmené à l'hôpital
Pour le soigner où il s'était fait mal,
Il s'était fait mal dans la rue
Et on l'a soigné autre part.
…
Et il est mort !

BOBY LAPOINTE

Horaire

Je ne sais pas ce qui m'inquiète à propos de la mort : sans doute les horaires.

WOODY ALLEN

Horoscope

Vraisemblablement, votre décès ne se produira pas avant la fin de vos jours et la date de votre inhumation concordera probablement avec celle de vos obsèques.

PIERRE DAC

Humanité

Quand on a un peu d'humanité on ne peut pas s'empêcher de souhaiter la mort à ceux qu'on aime ; et on dira que j'ai le cœur dur !

GUSTAVE FLAUBERT

Humour

Directeur pompes funèbres cherche personnel ayant le sens de l'humour, connaissant particulièrement la mise en boîte.

PIERRE DAC

I

Idiot
Il faut réussir un suicide au moins une fois dans sa vie, ne serait-ce que pour éviter de mourir idiot.
Le Comte de Saint-Germain

Immortalité
Je crois à l'immortalité et pourtant je crains bien de mourir avant de la connaître.
Raymond Devos

La mort est le commencement de l'immortalité.
Robespierre

Impôts
Il y a deux choses inadmissibles sur la terre : la mort – et les impôts. Mais j'aurais dû citer en premier les impôts.
Sacha Guitry

J'ai un ami qui a été mort pendant un an, c'était il y a très longtemps, pour d'obscures raisons fiscales.
Michel Galabru

Incorrigible
La mort apprend à vivre aux gens incorrigibles.
Xavier Forneret

Influence
Se dégager des influences nécessite une longue patience. La vie n'y suffit pas : il y faut la mort. Et encore ! Beaucoup trop d'hommes copient la mort des autres.
René de Obaldia

Ingénieur
Il faut se méfier des ingénieurs, ça commence par la machine à coudre, ça finit par la bombe atomique.
Marcel Pagnol

Inquiet
Je suis un inquiet perfectionniste, je serai toujours inquiet. Le jour de mon enterrement, je voudrai l'organiser. J'aurai même peur d'être en retard.
José Artur

Intellectuel
Un con vivant est plus intelligent qu'un intellectuel mort.
Frédéric Dard

Intention

La mort ne m'impressionne pas, j'ai moi-même, en effet, l'intention bien arrêtée de mourir un jour.

GEORGE BERNARD SHAW

Intermédiaire

Malade, on voulut lui faire venir un médecin et il déclara : « Non, je veux un fossoyeur, car je déteste les intermédiaires. »

XAVIER FORNERET

❦ J ❦

Jeune

Il ne buvait pas, il ne fumait pas, il ne mangeait pas et il est mort très jeune, ça lui apprendra.

MICHEL GALABRU

Jour

La mort n'est jamais qu'un jour dans la vie.

PHILIPPE BOUVARD

Jours (de nos)
De nos jours, on survit à tout sauf à la mort.
OSCAR WILDE

Journal
Un journal coupé en morceaux n'intéresse aucune femme, alors qu'une femme coupée en morceaux intéresse tous les journaux.
TRISTAN BERNARD

Souvenez-vous de ce journal qui avait publié avec cinq ans d'avance la nouvelle de la mort d'un grand homme et qui, le jour où celui-ci trépassa, commença ainsi son article nécrologique : « Comme nous avons été les premiers à l'annoncer… »
PHILIPPE BOUVARD

Jumeaux
Voyez-vous, nous étions jumeaux, le défunt et moi. Nous avions à peine deux semaines lorsqu'on nous mêla dans la baignoire : l'un de nous fut noyé. Mais nous n'avons jamais su lequel. Les uns pensent que c'était Bill. D'autres pensent que c'était moi.
MARK TWAIN

K

Kamikaze
En temps de paix, le kamikaze s'étiole. N'ayant nul porte-avions sur lequel s'abattre, il se sent inutile à la société. L'envie de se suicider l'étreint et, croyez-moi, pour quelqu'un dont la raison de vivre est de mourir, l'idée de mort est invivable.

PIERRE DESPROGES

L

Leçon
Un magistrat d'Issoudun : « Mon pauvre Pierre, ton affaire est claire, tu auras le cou coupé. Que cela te serve de leçon. »

HONORÉ DE BALZAC

Lèpre

– Pour la lèpre, je vous recommande l'île du Diable.
– Et elle est bonne?
– Fameuse! C'est là que j'ai eu la mienne.

Robert Benayoun

Lire

J'ai lu quelque part que fumer pouvait provoquer le cancer, depuis, j'ai totalement arrêté de lire.

Henry Youngman

Littérature

En littérature, le plus sûr moyen d'avoir raison, c'est d'être mort.

Victor Hugo

Longtemps

Pépin le Bref est mort depuis bientôt mille ans.
Moralité :
Quand on est mort, c'est pour longtemps.

Eugène Chavette

Plus longtemps on est en vie et moins longtemps on sera mort.

Philippe Geluck

Lourdes

De 1858 à 1972, à Lourdes :

– guérisons miraculeuses reconnues par les autorités médicales : 34 ;

– guérisons miraculeuses constatées par les autorités religieuses : 72 ;

– accidents mortels de circulation sur la route du pèlerinage : 4272.

Michel Audiard

Lutteur

– Quel est ce monsieur si maigre ?
– C'est un lutteur.
– Non ?
– Si : … il lutte contre la tuberculose.

Éric Satie

❖ *M* ❖

Mâcher

Mâchez bien vos aliments avant de mourir.

Henri Michaux

Mafia

La mort est une des pires choses qui puissent arriver à un membre de la mafia. Beaucoup d'entre eux préfèrent simplement payer une amende.

Woody Allen

Main

Il n'a plus de main ! Il est moignon tout plein !

Frédéric Dard

Mal

Passé soixante ans, quand on se réveille sans avoir mal quelque part, c'est qu'on est mort.

Ricet Barrier

Malade

Tu ne meurs pas de ce que tu es malade, tu meurs de ce que tu es vivant.

Montaigne

Maladie

Faut-il cesser de rembourser à 100 % les longues maladies ? Interrogés, même les pauvres s'y déclarent favorables : mal soignées, elles seront bien moins longues.

Hervé Le Tellier

Rien que d'en parler, la maladie, ça me tue.

GUY BEDOS

Malchance

Le malchanceux, c'est celui qui prépare tranquillement un nœud coulant dans un bois pour se pendre et qui se fait arrêter par le garde champêtre pour pose illicite de collet.

FRANCIS BLANCHE

Malheur

Les malheurs et les jumeaux ne viennent jamais seuls.

LÉO CAMPION

Le malheur étant, comme le bonheur, affaire de comparaisons, il convient, à partir d'un certain âge, d'avoir toujours à sa botte plus vieux et plus déshérité que soi. Un septuagénaire rhumatisant que l'on place à côté d'un nonagénaire paralysé n'ose plus se plaindre de ses articulations.

PHILIPPE BOUVARD

Maréchal

Le maréchal est mort il y a deux mois.
Il n'en sait rien et personne n'ose lui apprendre.

JACQUES PRÉVERT

Mariage

J'avais un ami qui hésitait entre les diverses formes de suicide. Finalement, c'est le mariage qu'il a choisi.

GEORGE BERNARD SHAW

Quoi qu'on dise, un mariage raté est quand même plus joyeux qu'un enterrement réussi.

YVAN AUDOUARD

Le mariage est une maladie qui ne guérit que par la mort d'un des deux époux.

THÉOPHILE GAUTIER

Maussade

C'est commode, un enterrement. On peut avoir l'air maussade avec les gens. Ils prennent ça pour de la tristesse.

JULES RENARD

Médecin

Un médecin est un homme que l'on paie pour conter des fariboles dans la chambre d'un malade, jusqu'à ce que la nature l'ait guéri ou que les remèdes l'aient tué.

ANTOINE FURETIÈRE

L'avantage des médecins, c'est que quand ils commettent une erreur, ils l'enterrent tout de suite…
ALPHONSE ALLAIS

Jean : Les médecins inventent des maladies qui n'existent pas.
Bérenger : Cela part d'un bon sentiment. C'est pour le plaisir de soigner des gens.
EUGÈNE IONESCO

– Comment faites-vous, sans médecins ?
– Nous mourons nous-mêmes.
RAOUL PONCHON

C'est toujours de la faute de celui qui meurt. Enfin le bon de cette profession est qu'il y a parmi les morts une honnêteté, une discrétion la plus grande du monde ; et jamais on en voit se plaindre du médecin qui l'a tué.

MOLIÈRE

Même
Chaque fois qu'il y a un type qui meurt, ce n'est jamais le même.
LOUIS SCUTENAIRE

Menteur
Et, en effet, le bons sens vient aisément prouver et

les faits confirmer sans conteste que les hommes ne sont pas tous menteurs ; il en est qui sont morts.

AMBROSE BIERCE

Menu

Un cannibale vient de perdre tous les membres de sa famille dans un accident. Et il publie un avis qui commence ainsi : « Ce menu tient lieu de faire-part. »

NOCTUEL

Mère

Tout simplement que l'on m'enterre,
En faisant un trou… dans ma Mère.

GERMAIN NOUVEAU

Mieux

La France va mieux, oui, non pas mieux que l'année dernière, mais mieux que l'année prochaine !

COLUCHE

Militaire

La guerre de 14-18 avait fait un civil tué pour dix militaires. La guerre de 39-40, un civil pour un militaire. Le Vietnam, cent civils pour un militaire. Pour la prochaine, seuls les militaires survivront. Engagez-vous !

COLUCHE

Millionnaire
J'ai pris une assurance sur la vie. Comme ça, quand je serai mort, je serai millionnaire.
Yogi Berra

Ministre
Il paraît que la presse a tué un ministre. Par rapport à ceux qu'elle fait vivre, c'est pas très grave.
Coluche

Montre
Ou cet homme est mort, ou ma montre est arrêtée.
Groucho Marx

Monument
Quand on prend le temps de bien regarder les monuments aux morts, on finit par se dire que finalement ça ne fait que gâcher quelques bonnes places de parking.
Jean Yanne

Morphine
La morphine a été inventée pour que les médecins dorment tranquilles.
Jean Rostand

Mort
Malheureusement, pour être mort, il faut mourir.
MARCEL ACHARD

La mort ? Pourvu que je vive jusque-là !
JEAN PAULHAN

Mortalité
La mortalité a beaucoup baissé dans nos sociétés, mais l'immortalité n'a fait aucun progrès.
JEAN-MARIE KERLEROUX

Mot
Pour faire un mot drôle, je tuerais père et mère. Heureusement que je suis orphelin.
MARCEL ACHARD

Moto
La différence entre une auto et une moto, c'est que sur la moto il y a deux places du mort.
PATRICK TIMSIT

Mourir
Mourir est le seul verbe qui se conjugue au passé décomposé.
JEAN AILLAUD

Mourir, c'est la dernière chose à faire.
ANDRÉ WURMSER

Moyenne
Il faut bien que tout le monde vive. Et comme il faut bien que tout le monde meure, ça fait une moyenne.
LÉO CAMPION

Mûrir
Mourir, c'est mûrir un peu trop.
ALBERT BRIE

N

Néant
Né en-(ici la date)-Néant-(ici la date).
HERVÉ BAZIN

Noir
J'ai toujours vu tout en noir. À commencer par ma mère, qui était veuve.
GEORGES WOLINSKI

Nouvelles

« Comment vas-tu ? demandait un aveugle à un paralytique.
— Comme tu vois, répondit le paralytique, assez bien. »

GEORG CHRISTOPH LICHTENBERG

Ne manquez pas de m'annoncer les décès, s'il y en a ; les nouvelles font toujours plaisir.

LOUIS SCUTENAIRE

Noyade

Il est mauvais de se noyer après manger.

ÉRIK SATIE

Les familles, l'été venu, se dirigent vers la mer en y emmenant leurs enfants. Dans l'espoir, souvent déçu, d'y noyer les plus laids.

ALPHONSE ALLAIS

Un homme à la mer lève le bras, crie : « Au secours ! »
Et l'écho lui répond : « Qu'entendez-vous par là ? »

JULES SUPERVIELLE

Un homme qui meurt par noyade revoit en un éclair toute sa vie défiler, alors qu'il ferait mieux de nager.

FRANÇOIS CAVANNA

Les noyés remontent toujours à la surface. Trop tard, en général.

Roland Guyard

On aura aussi à porter son choix sur l'immersion avec ou sans pierre au cou. L'immersion sans pierre au cou est infiniment plus dangereuse, car on est emporté par le courant, et la tâche des sauveteurs devient très difficile. La pierre au cou, au contraire, indispensable d'ailleurs aux personnes affligées d'un rein flottant, tient le suicidé à la place où il a plongé, et lui permet d'être repêché beaucoup plus promptement.

Jean Bruller dit Vercors

Nuit

Devenu le mari d'une exécrable rosse,
Il la tua dès le réveil,
Au lendemain de son absurde noce.
Moralité :
La nuit porte conseil.

Alphonse Allais

O

Obsèques

Pour mes obsèques, je ne veux que le strict nécessaire, c'est-à-dire moi.

GEORGES CLEMENCEAU

Oie

Puis il nous apparut que rien n'était plus exquis que la cervelle de l'oie et, l'année suivante, grâce à une alimentation adéquate et quelques compléments vitaminés bien dosés, la volaille toujours aussi grasse avait la tête plus grosse que le corps.

ÉRIC CHEVILLARD

Opéré

Mon grand-père a dit au docteur : « Je souffre, docteur. J'aimerais mieux mourir que d'être opéré. » Le médecin lui a répondu : « L'un n'empêche pas l'autre. »

COLUCHE

Orgueilleux
Il est tellement orgueilleux qu'il se suiciderait pour se rendre intéressant.

JULES RENARD

Orphelin
Après avoir abattu père et mère à coups de fusil, le délinquant juvénile, âgé de huit ans, invoqua comme circonstance atténuante le fait qu'il était orphelin.

ROBERT BENAYOUN

Un orphelin qui vient de perdre son dernier parent a le privilège de remercier des lettres de condoléances par : « Toute la famille est désormais dans l'impossibilité de se joindre à moi pour… »

JOSÉ ARTHUR

– Papa, je veux être orphelin.
– Moi vivant, jamais !

PATRICK SÉBASTIEN

Perdre l'un de ses parents peut être regardé comme un malheur. Perdre les deux ressemble à de la négligence.

OSCAR WILDE

P

Pal
95 % des empalés sont incapables de dire si « pal » fait « paux » au pluriel.

FRANÇOIS CAVANNA

Il est étonnant que le pal, s'il est couramment employé en tant qu'appareil judiciaire, n'ait eu, jusqu'à présent, que peu de succès comme instrument de mort volontaire.

JEAN BRULLER DIT VERCORS

Pantoufles
Quand vous êtes mort et que quelqu'un crie : « Debout là-dedans, c'est l'heure de se lever », c'est difficile d'enfiler ses pantoufles.

WOODY ALLEN

Papa
– Dis, Maman, pourquoi Papa il est tout froid et il bouge plus ?
– Tais-toi, et creuse !

PIERRE DORIS

Parachute
Je vous offrirais bien un parachute si j'étais sûr qu'il ne s'ouvre pas.

GROUCHO MARX

Paratonnerre
Si Jésus était mort empalé plutôt que crucifié, il n'y aurait plus que les paratonnerres sur les églises.

JEAN YANNE

Parler
Le typhus, ou bien on en meurt, ou bien on en reste idiot. Je peux vous en parler. Je l'ai eu.

MARÉCHAL DE MAC-MAHON

Le bonheur, c'est comme la mort, il faut y être passé pour en parler.

LOUIS BOURGEOIS

Pêcheur
Il ne faut pas vouloir la mort du pêcheur, fût-il à la ligne.

PAUL-JEAN TOULET

Pendaison

Candidats au suicide par pendaison ! Ne comptez que sur vous-mêmes. Ne dépendez pas des autres !

ROLAND GUYARD

Le pendu avait les habits usés jusqu'à la corde.

JACQUES CANUT

Il est possible de guillotiner un pendu. Le contraire est nettement plus difficile.

PHILIPPE GELUCK

Pénicilline

Les affaires, faut pas se plaindre, disait un entrepreneur des pompes funèbres, toujours un petit courant. Ah ! s'il n'y avait pas cette pénicilline qui nous fait tant de tort !

TRISTAN BERNARD

Permis

Il avait échoué à son permis de conduire. Le permis d'inhumer lui a été accordé au premier coup de volant.

YVAN AUDOUARD

Pertes

Pourquoi le maréchal de camp n'a-t-il pas donné l'état des pertes ?
– Parce qu'il en fait partie.

JEAN ANOUILH

Pessimisme

Ses parents étaient très pessimistes sur son avenir : « S'il continue, il mourra de faim sur l'échafaud ! »

ALEXANDRE BREFFORT

Peste

On a guéri la peste, bravo, mais maintenant on a le cancer ! On aurait mieux fait de rester avec la peste, vu qu'on savait la soigner.

JEAN-MARIE GOURIO

Peur

Ce n'est pas que j'aie peur de la mort, je veux juste ne pas être là quand ça arrivera.

WOODY ALLEN

Pharmacien

Pharmacien (n.) : Complice du médecin, bienfaiteur du croque-mort et ravitailleur de la vermine du cimetière.

Ambrose Bierce

Philosophe

J'approche tout doucement du moment où les philosophes et les imbéciles ont la même destinée.

Voltaire

Photographe

Sentant venir la mort, le photographe a dit entre ses dents : « Attention… … … ne bougeons plus. »

Alphonse Allais

Pied

J'ai déjà un pied dans la tombe et j'aime pas qu'on me marche sur l'autre.

François Mauriac

Piéton

Il n'y a plus de nos jours que deux sortes de piétons : les rapides et les morts.

Francis Blanche

Plaire
Quand la dame rentra, plus d'enfant. On s'informe ;
La fée avise l'ogre avec sa bouche énorme :
– As-tu vu, cria-t-elle, un bel enfant que j'ai ?
Le bon ogre naïf lui dit : « Je l'ai mangé. »
Or, c'était maladroit. Vous qui cherchez à plaire,
Ne mangez pas l'enfant dont vous aimez la mère.

VICTOR HUGO

Plaisir
C'est la bienfaitrice du pays. Tout le monde se ferait un plaisir d'aller à son enterrement.

JULES RENARD

Le plaisir des morts est de moisir à plat.

ROBERT DESNOS

Platane
Une vie, c'est 70, 80 sapins de Noël. Remarquez, quelquefois il suffit d'un platane…

MICHEL GALABRU

Pleurer
Qu'est-ce qu'ils ont à pleurer autour de mon lit… C'est déjà bien assez triste de mourir… S'il faut encore voir pleurer les autres !

MARCEL PAGNOL

Plomb
Si j'ai un jour du plomb dans la tête, ce sera du 7,65.
ALPHONSE ALLAIS

Ci-gît un fou nommé Pasquet,
Qui mourut d'un coup de mousquet
Comme il voulait lever la crête ;
Quant à moi, je crois que le sort
Lui mit du plomb dedans la tête
Pour le rendre sage en sa mort.
MARC-ANTOINE DE SAINT-AMANT

Poète
Nous deviendrons tous poètes, nous allons tous faire des vers...
DANTON

Poids
Elle était si menue que, si elle avait voulu se pendre, elle n'aurait pas fait le poids.
JULES RENARD

Poignard
Ah ! voici le poignard qui du sang de son maître
S'est souillé lâchement. Il en rougit, le traître !
THÉOPHILE DE VIAU

Poison

Et il en est toute une gamme, depuis les plus violents, comme l'acide cyanhydrique, dont une goutte versée dans l'œil d'un chien suffit à foudroyer l'homme le plus robuste, jusqu'aux plus faibles, comme le tabac qui, fumé abusivement, peut entraîner la mort des personnes peu pressées en quarante ou cinquante ans.

Jean Bruller dit Vercors

Article 1er : Le tabac est un poison.
Article 2 : Tant pis.

Sacha Guitry

Policier

Un policier se suicide tous les neuf jours. Ça prouve bien qu'il ne sait pas viser…

Laurent Ruquier

Pompier

« Je m'éteins ! », dit le pompier avant de mourir.

Pierre Doris

Les corps des trois courageux sapeurs-pompiers morts brûlés vifs sont exposés dans une chapelle ardente.

Robert Lassus

Portable

Le portable au volant, y a du pour et du contre. D'accord, on peut renverser un gamin, mais d'un autre côté on peut tout de suite téléphoner aux parents.

HERVÉ LE TELLIER

Porteur

Crever gros ? Crever maigre ? La différence est pour les porteurs.

FRANCIS BLANCHE

Positif

Du côté positif, mourir est une des rares choses que l'on puisse faire aussi bien couché que debout.

WOODY ALLEN

Posthume

J'aime me promener dans les cimetières après la messe, je suis en quelque sorte en posthume du dimanche.

PIEM

Potence

Après avoir erré longtemps dans la brousse, il atteint un village où se dresse une potence : « Dieu soit loué, me voilà en pays civilisé. »

JONATHAN SWIFT

Précoce
Mozart était tellement précoce qu'à 35 ans il était déjà mort.

PIERRE DESPROGES

Procrastination
Atteint de procrastination, aboulique et velléitaire, longtemps, il remit son dernier soupir au lendemain.

MAURICE ROCHE

Progrès
La médecine a fait depuis un siècle des progrès sans répit, inventant par milliers des maladies nouvelles.

LOUIS SCUTENAIRE

Les incessants progrès de la chirurgie, de la médecine et de la pharmacie sont angoissants : de quoi mourra-t-on dans vingt ans ?

PHILIPPE BOUVARD

Prostate
La vie m'a appris qu'il y a deux choses dont on peut très bien se passer : la présidence de la République et la prostate.

GEORGES CLEMENCEAU

Proverbe

Il y a un proverbe serbe qui dit ceci : « Notre passé est sinistre, notre présent est invivable, heureusement que nous n'avons pas d'avenir. »

Philippe Geluck

❦ *Q* ❦

Quoi

On ne sait pas de quoi il est mort. On ne savait déjà pas de quoi il vivait.

Alfred Capus

– De quoi est-il mort ?
– Il ne l'a pas dit.

Léo Campion

R

Rater
« Je rate tous mes suicides. » C'est l'explication qu'a donnée à San Diego M. Bill Gassock, en rentrant dans sa cent-unième année.

PIERRE DESPROGES

Réaction
Si tu ne réagis pas rapidement, on te souhaitera ta prochaine fête à la Toussaint.

FRÉDÉRIC DARD

Réfléchir
La plupart des gens préféreraient mourir que réfléchir. C'est ce qu'ils font d'ailleurs.

BERTRAND RUSSEL

Regarder
Il y a trois choses qu'on ne peut pas regarder en face : le soleil, la mort et le dentiste.

ALEX MÉTAYER

Renacler

Bien qu'il n'y ait plus de saisons et que le prix du super ait encore augmenté, de nombreuses personnes renâclent à l'idée de mourir un jour.

PIERRE DESPROGES

Repas

Les repas de famille ne consistent pas à se manger entre parents.

JULES JOUY

Rendez-vous

Ce qu'il y a de plus terrible dans la mort, c'est de ne pas pouvoir aller à ses rendez-vous du lendemain.

PHILIPPE BOUVARD

Retard

Quand on se noie, on pense à sa famille qui va se demander d'abord pourquoi on est en retard pour le thé et ensuite ce qui va se passer étant donné qu'on n'a pas fait de testament.

GEORGE BERNARD SHAW

Retraite
Le vin d'honneur de la retraite : véritable crémation sociale à l'issue de laquelle l'exécuté rentre chez lui avec la canne à pêche, symbole d'une nouvelle vie et d'une mort prochaine.

Philippe Bouvard

Revenir
Sa mort l'a fait connaître.
Il peut revenir maintenant.

Sacha Guitry

Riche
– Il a changé trois fois de cimetière.
– Il n'y a que les riches pour s'offrir ça.

Daniel Boulanger

Rideau
Je suis étonné qu'un acteur ne se soit pas encore éteint en disant à mi-voix : « Rideau. »
Il va falloir remédier à ça.

Sacha Guitry

Ridicule

Je trouve qu'il n'y a pas de ridicule à mourir dans la rue, quand on ne le fait pas exprès.

STENDHAL

Rime

Jamais on n'avait vu autant de monde à ses obsèques
Il faut préciser qu'il mourait pour la première fois
Il y avait des gens, encore des gens et même un Tchèque
Qui pour la rime se trouvait là.

PIERRE LOUKI

Rire

Rira bien qui mourra le dernier.

PHILIPPE SOUPAULT

Il faut rire de la mort ! Surtout quand c'est les autres.

GUY BEDOS

Route

Chaque jour t'as trente morts sur la route, moi je vais rouler sur le trottoir.

JEAN-MARIE GOURIO

❧ S ❧

Santé

La santé, c'est ce qui sert à ne pas mourir chaque fois qu'on est gravement malade.

Georges Perros

J'en suis à prendre huit médicaments. Faut-il que j'en aie, une santé !

Sacha Guitry

La santé n'est qu'un mot, qu'il n'y aurait aucun inconvénient à rayer de notre vocabulaire. Pour ma part, je ne connais que des gens plus ou moins atteints de maladies plus ou moins nombreuses à évolution plus ou moins rapide.

Jules Romains

Si j'avais su que j'allais vivre aussi longtemps, j'aurais fait plus attention à ma santé !

Eubie Blake

La forte santé incline aux abus. Voilà pourquoi ce sont les malades qui durent et les bien-portants qui claquent.

Maurice Chapelan

Sapin

Le sapin dont on fait les cercueils est un arbre toujours vert.

XAVIER FORNERET

Scaphandrier

Le seul homme qui est mort d'avoir fait un trou à son pantalon était scaphandrier.

HENRI DE TOULOUSE-LAUTREC

Science

S'il n'y avait pas la Science, combien d'entre nous pourraient profiter de leur cancer pendant plus de cinq ans ?

PIERRE DESPROGES

Secours

Étonnant qu'on ne trouve jamais gravée sur aucune tombe l'épitaphe : « Au secours ! »

JACQUES STERNBERG

L'autre jour, nous nous rendions au restaurant, un ami et moi, quand nous vîmes un malheureux étendu sur le bord de la route. Personne n'avait songé à lui porter secours. Eh bien, quand nous sommes sortis du restaurant, il était toujours là.

ALFRED CAPUS

Sécurité sociale
La mort devrait être remboursée par la Sécurité sociale. Elle s'y entend pour combler les trous.

JOSEPH VEBRET

Silencieux
On doit toujours se munir d'un silencieux pour abattre un mime.

JEAN YANNE

Soldat
Un soldat doit être prêt à mourir pour sa patrie, même au péril de sa vie.

HENRI MONNIER

Solidaire
Les motards sont solidaires. Quand il y en a un qui a un accident, ils s'arrêtent tous... pour voir s'il y a encore des bonnes pièces.

PATRICK TIMSIT

Sommeil
Vivre est une maladie dont le sommeil nous soulage toutes les 16 heures. C'est un palliatif. La mort est le remède.

CHAMFORT

Et si on allait se cacher et affreusement dormir ? Chien endormi n'a pas du puces. Oui, allons dormir, le sommeil a les avantages de la mort sans son petit inconvénient.

ALBERT COHEN

Soupe

« Je tousse jusqu'à cinq, dit la maman tuberculeuse à son petit garçon, et si tu n'as pas fini ta soupe, je crache dedans ! »

ROLAND TOPOR

Sourd

Il ne faut jamais gifler un sourd. Il perd la moitié du plaisir. Il sent la gifle, mais il ne l'entend pas.

GEORGES COURTELINE

Sport

Le seul sport que j'aie jamais pratiqué, c'est la marche à pied, quand je suivais les enterrements de mes amis sportifs.

GEORGE BERNARD SHAW

Ma seule gymnastique, c'est d'aller aux enterrements de mes amis qui faisaient de la gymnastique pour rester en bonne santé.

GEORGES FEYDEAU

Suicide

On se suicide par pudeur, par orgueil, par modestie, par discrétion, par peur de la mort (ce qui est un comble) ou des gendarmes ; par lassitude, par vengeance, par plaisir, parfois même par curiosité. Le Chinois se suicide pour embêter son créancier, l'homme-torpille par patriotisme ; le Britannique par spleen ; un Écossais se pendit parce que les gilets ont trop de boutons. « Aujourd'hui, tout le monde vit ! » me disait une jeune fille avec un air scandalisé. Il y a évidemment trop peu de gens qui se suicident ; ce ne sont jamais ceux qu'il faudrait.

Alexandre Vialatte

Il faut se suicider jeune quand on veut profiter de la mort.

Pierre Dac

Quand on a l'intention de se suicider en se jetant d'un immeuble, on a intérêt à le choisir le plus élevé possible, de façon à avoir le temps de changer d'avis.

François Cavanna

Il y a des gens qui vont à la pêche, à la chasse, à la guerre ; d'autres qui font de petits crimes passionnels. Il y en a quelquefois qui se suicident. Faut bien tuer quelqu'un…

Jacques Prévert

Je garantis à toute personne qui fera l'essai de cette recette une mort intégrale, si elle a su choisir un point de départ assez élevé. Cette méthode est une des seules qui permettent un suicide impromptu, c'est-a-dire réalisable sans délai, aussitôt prise la résolution d'en finir, sauf dans le cas particulier d'un locataire de rez-de-chaussée.

JEAN BRULLER DIT VERCORS

Superstitieux
Les gens superstitieux ne se font jamais enterrer un vendredi 13 de crainte que cela leur porte malheur.

LÉO CAMPION

Surprise
Le premier homme qui est mort a dû être drôlement surpris.

GEORGES WOLINSKI

T

Tact
Avoir du tact, c'est savoir dire à quelqu'un qu'il a l'esprit ouvert quand il a un trou dans la tête.

F. H. Kernan

Teinturier
J'ai connu un teinturier qui est mort à la tâche.

Pierre Doris

Temps
Le temps est un grand maître, dit-on. Le malheur est qu'il tue ses élèves.

Hector Berlioz

Tout le temps vivre, à la longue, c'est mortel.

Jacques Audiberti

Testament
J'ai déchiré le testament que je venais d'écrire.
Il faisait tant d'heureux que j'en serais arrivé à me tuer pour ne pas trop les faire attendre.

Sacha Guitry

Les mourants qui parlent de leur testament peuvent s'attendre à être écoutés comme des oracles.

JEAN DE LA BRUYÈRE

Tétanos
Vous serez fusillé avec des balles rouillées et vous mourrez du tétanos !

SERGE GAINSBOURG

Tête
Prostré dans les locaux de la police judiciaire, l'homme qui a tué puis décapité son épouse ne cesse de répéter avec des sanglots dans la voix qu'il a perdu la tête.

ROBERT LASSUS

Tic
Venue se recueillir devant le lit de mort d'une amie : MARIE-CHANTAL. – Elle est tout de même mieux sans ses tics !

JACQUES CHAZOT

Tôt
Le duc de Guise fut assassiné à 5 heures du matin. Vraiment pas la peine de se lever si tôt.

RAYMOND QUENEAU

Train

Catherine Rosello, de Toulon, mère de quatre enfants, voulut éviter un train de marchandises. Un train de voyageurs l'écrasa.

FÉLIX FÉNÉON

Lorsque les trains déraillent, ce qui me fait de la peine, ce sont les morts de première classe.

SALVADOR DALI

Je n'ai jamais eu la chance de manquer un train auquel il soit arrivé un accident.

JULES RENARD

Trépas

Il n'y a que le premier trépas qui coûte.

PIERRE PERRET

Tuer

L'homme ne tue pas seulement pour manger, il boit aussi.

ALPHONSE ALLAIS

Vacances
La guerre de 14, c'était pas des vacances. Heureusement dans un sens, parce qu'il a pas fait beau.

COLUCHE

Vécu
Je me demande si la mort vaut vraiment le coup d'être vécue.

FRÉDÉRIC DARD

Venise
À Venise, aux enterrements de troisième classe, la famille suit à la nage.

ROBERT ROCCA

Vêtement
Quand vous allez pour vous noyer, ôtez d'abord vos vêtements ; ils pourront servir au second mari de votre femme.

ALPHONSE ESQUIROS

Veuvage

Je ne vois rien de plus charmant
Que d'obtenir un brevet de veuvage
Quand il n'en coûte seulement
Que les frais de l'enterrement.

JEAN-JOSEPH VADÉ

C'est avec les épouses tristes qu'on fait les veuves joyeuses.

HENRI JEANSON

Si ma femme doit être veuve un jour, j'aime mieux que ce soit de mon vivant.

GEORGES COURTELINE

Les femmes vivent plus longtemps que les hommes, surtout quand elles sont veuves.

GEORGES CLEMENCEAU

Vie

Si je me tue un jour (je ne promets rien pour l'instant), ce sera par amour de la vie.

GUY BEDOS

Vieillesse

Y a pas seulement cent ans, on mourait plus jeune de vieillesse.

FRANÇOIS CARADEC

C'est merveilleux la vieillesse, dommage que ça finisse si mal.

FRANÇOIS MAURIAC

Il n'y a pas que le tabac qui soit nocif. La vieillesse aussi, c'est dangereux. Je connais des gens qui en sont morts.

RAYMOND DEVOS

Rien ne sert de vieillir, il faut partir à point.

JACQUES-MARIE DUPIN

Après tout, ce n'est pas si désagréable que ça de vieillir, quand on pense à l'autre éventualité.

MAURICE CHEVALIER

Vieux
– Vous êtes devenu bien vieux !
– Oui, c'est généralement le cas quand on vit long-temps.

GEORG CHRISTOPH LICHTENBERG

Quand on est jeune, on est « mal dans sa peau », mais on n'a mal nulle part. Quand on est vieux, on est bien dans sa peau, mais on a mal partout.

JEAN DUTOURD

Beaucoup de gens sont malades quand ils sont vieux… C'est triste… D'un autre côté, ça les occupe.
PHILIPPE GELUCK

C'est bien joli de vivre de plus en plus vieux, mais j'aimerais autant qu'on vive de plus en plus jeune.
JEAN-MARIE GOURIO

Les vieillards, il faudrait les tuer jeunes.
ALFRED JARRY

Moi, j'aime bien ça, les vieux. Surtout quand ils sont vivants.
BERTRAND BLIER

Vitesse
Si vous tombez du haut d'une tour, vous tomberez de plus en plus vite. Un choix judicieux de la tour vous permet d'obtenir n'importe quelle vitesse.
STEPHEN LEACOCK

Vivant
J'ai vu emporter un homme en terre :
Il y a peu de temps, disait-on,
Il était encore vivant.

PLAUTE

La mort ne m'aura pas vivant.

JEAN COCTEAU

Vocabulaire

Le vocabulaire évolue. À travers la presse en particulier. Aujourd'hui un avion ne « s'écrase » plus, il « s'abîme ». À ce rythme-là, les morts s'en sortiront bientôt avec seulement quelques égratignures.

JEAN YANNE

Week-end

Je préfère l'incinération à l'enterrement et les deux à un week-end avec ma femme.

WOODY ALLEN

Mille et une nuits propose des chefs-d'œuvre pour le temps
d'une attente, d'un voyage, d'une insomnie...

La Petite Collection (extrait du catalogue) 569. Erik SABLÉ, *Petit traité des étoiles*. 570. Patrick BESSON, *Le Viol de Mike Tyson*. 571. Arthur SCHOPENHAUER, *Du Génie*. 572. Jean CAYROL, *Nuit et Brouillard*. 573. Guy de MAUPASSANT, *À la Feuille de rose – Maison Turque*. 574. Gracchus BABEUF, *Le Manifeste des Plébéiens*. 575. Julien L'APOSTAT, *Défense du paganisme (Contre les Galiléens)*. 576. Thomas CARLYLE, *Discours de circonstance sur la question noire*. 577. CICÉRON, *Traité des devoirs*. 578. Pierre-Joseph PROUDHON / Émile ZOLA, *Controverse sur Courbet et l'utilité sociale de l'art*. 579. Paul ACHARD, *La Queue*. 580. VOLTAIRE / ROUSSEAU, *Querelle sur le Mal et la Providence*. 581. Marie-Joseph CHÉNIER, *Dénonciation des inquisiteurs de la pensée*. 582. Auguste RODIN, *Faire avec ses mains ce que l'on voit. Textes, lettres et propos choisis*. 583. Théophile GAUTIER, *Le Club des Hachichins*. 584. Blaise PASCAL / Jacqueline PASCAL, *Les Mystères de Jésus*. 585. Sébastien BAILLY, *Les Zeugmes au plat*. 586. David HUME, *Essais sur le bonheur. Les Quatre Philosophes*. 587. Henri ROORDA, *Le Rire et les Rieurs*. 588. POLYEN, *Ruses diplomatiques et stratagèmes politiques*. 589. ALAIN, *L'Instituteur et le Sorbonagre. 50 propos sur l'école de la République*. 590. Josiah WARREN, *Commerce équitable*. 591. Georges FEYDEAU, *Feu la mère de madame*. 592. Arthur SCHOPENHAUER, *Lettres à un disciple*. 593. Henry David THOREAU, *Résister*. 594. Sébastien BAILLY, *Le Meilleur de la méchanceté*. 595. Friedrich NIETZSCHE, *Le Nihilisme européen*. 596. Henri ROORDA, *Le Roseau pensotant*. 597. Henri ROORDA, *Le Pédagogue n'aime pas les enfants*. 598. Émile ZOLA, *Lettres à la jeunesse (1879-1897)*. 599. Léon TOSLTOÏ, *Un musicien déchu*. 600. PLATON, *Euthyphron*.

Pour chaque titre, le texte intégral, une postface,
la vie de l'auteur et une bibliographie.

49.40.3416-2/08
Achevé d'imprimer en février 2012
par La Nouvelle Imprimerie Laballery (Clamecy, France).
N° d'impression : 201249

Pour l'éditeur, le principe est d'utiliser des papiers composés de fibres naturelles, renouvelables, recyclables et fabriquées à partir de bois issus de forêts gérées selon un système d'aménagement durable. En outre, l'éditeur attend de ses fournisseurs de papier qu'ils s'inscrivent dans une démarche de certification environnementale reconnue.